Le paradis n'est pas un lieu mais un moment de notre histoire.

1. Un jour, voilà que tu t'affiches devant moi, merci à toi.

La lumière commence ainsi par une étincelle, c'est déjà ça.
Cette possibilité de faire un grand pas !

Ce n'est pas par le poids des maux que je me maintiens au sol, mais dans ma vision de la vie et l'espoir que j'y place.

Peu importe le temps, et l'espace.

Le monde est monde et pour nous, les Astra-grammes d'une superficie industrielle.
Les orages nous font encre et non peur.

Si cela est si simple de nous voir ! Alors la simplicité est peut-être difficile à regarder.
Et pourtant nous ne sommes qu'une étincelle sur du papier.

Je ne peux pas me ronger la jambe qui me fait mal mais on peut m'aider à l'enlever du piège dans lequel elle est pour ensuite la soigner.

Selon certains dires, ces pièges n'existeraient pas, soyons sûrs de cela. Et sur ce sol où nos peurs sont sans cesse remplacées par la joie de vivre, l'étincelle vient avec le jour.

Une impulsion suffit.

2. Croire en quelque chose est inné à la vie.

Croire en l'amour, au sens large, c'est vivre dans le sens de la vie.

Ainsi croire que moi et une femme nous nous aimons est une croyance qui se manifeste de façon simple en vivant cet amour. Il ne sera jamais question de vérifier une croyance, simplement car une croyance déroge à la logique. C'est pourquoi chercher la meilleure façon de constater la viabilité ou non d'une croyance ne passe pas par l'opposition, mais en premier lieu dans l'admission que la croyance est vraie. Si celle-ci pose problème à la première règle qui est : vivre la vie, trouver la réponse au problème et à quoi sert la manifestation du problème dans l'être en devient la solution. La croyance est innée. Profiter de sa pure manifestation dans sa matérialisation.

Je ne vérifie pas que l'ordinateur est devant moi, j'en profite. Le monde est une manifestation d'un dialogue multiple, la manifestation des sentiments comme le bonheur, l'humilité, la compréhension dans les désaccords se fait quand aucun obstacle à cette manifestation n'apparaît à la conscience des êtres.

Quelles que soient les informations, les énergies que l'on reçoit. Les utiliser pour ce qu'elles sont en premier lieu : de l'information, de l'énergie.

C'est ce que nous en faisons ensuite qui importe.

Le point de « lumière » en moi est mon rituel.

Constater la présence divine par un objet banal devant moi est mon rituel ; je pense être spinozien, quoiqu'en toute logique chacun a sa propre croyance.

Posons-nous la question du rituel qui permet de toujours voir le positif de la vie.

3. Un vieux tacot et la peur de remonter dans le même une fois remis sur les rails.

Mon ami Bernard, anciennement ingénieur des ponts & chaussées, du jour au lendemain a décidé de changer de métier. De plus, son entreprise marche très bien et cette fois il aime vraiment son travail.

Aujourd'hui Bernard répare de vieilles voitures, de très belles voitures.
Il les démonte parfois toutes pour en nettoyer chaque partie. Les ailes, la carrosserie, il y a même des bouts de carrosserie qui par l'attaque de la rouille ont disparu. Il fait alors un nouveau modelage de la pièce à partir de l'ancien modèle.

Après cela il répare le moteur et le démonte ; je n'ai jamais trop su ce à quoi il s'affairait en premier. Faudrait que je lui demande, mais à mon avis, c'est le moteur.

Parfois, il y trouve vraiment d'étranges choses : des nids de fourmis, des essaims d'abeilles, des nids d'araignées. Après les avoir nettoyées, il remplace les pièces qui ne fonctionnent plus par les mêmes types de pièces qui ont même parfois été améliorées pour durer plus longtemps (vu l'époque de ces voitures).

Quand le client vient reprendre sa voiture, Bernard insiste toujours sur le fait de la faire rouler quotidiennement. Mais parfois certaines voitures reviennent quand même.

Bernard ne se dit pas « quel gâchis ». Non, il comprend ses clients et répare leur(s) voiture(s).

Bernard m'a dit hier: "C'est étrange car, une fois les voitures de mes clients réparées, ce sont souvent les mêmes pièces que je dois nettoyer ou remplacer par des modèles plus résistants; mais, sincèrement, ces personnes - même si elles trouvent beaucoup d'excuses - tôt ou tard devront rouler avec quotidiennement. Sincèrement, je ne sais pas quelle(s) peur(s) ils ont. La peur d'y retoucher ? Peut-être... car je ne doute pas du bonheur que cela leur rappelle ; sinon, pourquoi viendraient-ils me les faire réparer ? Ce sont de si belles voitures en plus. Tu sais, j'ai même des clients qui les améliorent !"

Parfois Bernard doute de lui comme tout le monde et, fatigué, il me dit : « Tu sais, réparer sans cesse les mêmes moteurs... ou alors je dois peut-être mal m'y prendre, avec mes clients... ou ce sont mes clients qui ne veulent pas accepter qu'elles n'appartiennent pas à un musée... pour moi, leur voiture est une grande partie d'eux-mêmes... c'est peut-être pour cela qu'ils ont peur d'y retoucher... l'homme et la machine ne feraient qu'un ? Ce sont de beaux engins, t'en penses quoi ? »

- Tu me connais, Bernard, j'adore les anciennes voitures et puis j'pense que t'as pas tort, que ces machines sont une part de nous.

Il me fait rire parfois car il aime son travail et quand il est fatigué, il prend des vacances revenant prêt pour en réparer d'autres.

J'ai un autre ami mais lui c'est carrément des mondes entiers qu'il répare...

J'aime bien mes amis, ils sont sincères, ont une vision de la vie si belle que j'en parle.

4. Chaque idée, son opposée et le trait d'union.

De cet adjectif se forme un triangle où chaque idée - elles sont au nombre de trois - gravite autour et chaque jour entre en interaction avec les deux autres.

Penser seul est impossible, comme tout évènement, il y a des liens entre chaque phénomène dont le nombre est incalculable.

(À mon sens) la pensée selon le salon dans lequel nous sommes, prend place en nous. Assis, debout, en train comme en voiture, le faux-semblant pour certains est de nous croire créant la singularité. Alors que tantôt nous en sommes : la manifestation, tantôt l'architecte et la plupart du temps nous la propageons sans même le savoir.

Je suis, je ne suis pas, je suis et ne suis pas.

Mais toute pensée a sa complémentaire, et l'irrégularité se trouve dans des groupes dont chaque être (de ce groupe), par son parcours unique fait avancer l'ensemble un peu plus tous les jours.

Le hasard est prédominant dans nos vies et l'arbitraire de ce monde en fait partie

Il y a notre ombre, nous-mêmes et notre écho.

Il y a nos ombres, nous-mêmes et nos échos.

La relativité comme l'a dit Einstein : *L'univers a le plus grand sens de l'humour*.

Ainsi une règle ne peut exister que parce qu'elle a une exception. Une exception fait une règle : la règle des exceptions.

Mr GÉRARD : « Si une chose est impossible alors tout est impossible. Chaque jour tout est possible comme rien. »

Le plus dur sera d'admettre un jour qu'il n'y a que des interprétations.

5. Parfois il ressent cela…

Il ne peut prouver que le monde qui l'entoure existe et sait que cette quête est inutile, car cela n'est pas prouvable.
Il accepte que le monde soit et ne soit pas.

Il se souvient d'une sensation de temps en temps.

Aujourd'hui, allongé sur la plage à l'ombre d'un palmier il est seul et pourtant ressent un enfermement et une attirance pour l'inconnu. Il ne sait pas précisément d'où cela vient, mais en a une vague idée.

Ce qui le dépasse ce sont ces sensations qui pour sa conscience ou son inconscient refusent ce terrible carcan (acceptent cette merveilleuse ouverture).

Dans sa tête regardant autour, il ne voit pas le paysage qui s'offre devant lui, mais ressent et voit ce qui vient vers lui :
« Des lois, des constantes, des équations, etc. »

L'esprit vide où plein il est souvent tranquille.
En cet instant, il est oppressé ( ) du manque d'imagination, il se laisse voyager au gré de ce qu'il voit.
Dans ces moments, en lui une énergie le pousse à dépasser ces lois, en imaginant ce qui advient.

Savoir qu'un gorille en cage est triste c'est pour lui avoir compris que nous en avons parfois créé une autour de nous.

Autant qu'on l'ouvre pour l'animal.
Autant qu'on l'ouvre pour nous.

6. Une vue du monde

Ce serait ironique de penser que le monde se sent bien dans l'état dans lequel il est. Par la répétition extrême d'une forme de communication le monde semble ainsi; cela a pour effet sur nous de nous (donner) faire perdre l'envie de changer de point de vue.

Ce qui est sensationnel, c'est d'être ce spectateur ayant la faculté de faire éclater des conceptions de nos réalités afin d'accéder à la paix qui réside où que l'on soit.

Là réside l'illusion que quelque chose d'immatériel est pourtant présent, tel que le bonheur, la joie, la liberté, la bienveillance, etc.

Leur gratuité peut les rendre parfois invisibles et de ce fait inaccessibles dans certains mondes où presque tout s'achète.

La *folie*, c'est de faire toujours la même chose et de s'attendre à un résultat différent. Albert Einstein.

7. La vie a son trop-plein d'affection !

Je n'ai jamais trop saisi dans le monde ce pour quoi j'y suis. Pourtant une chose me paraît très simple et compliquée à la fois: j'aime ma vie.

C'est dans l'intérêt de dire derrière une commode bien rangée, avec le thé, la théière, le mixeur, le four à micro-ondes, tout bien à sa place. Dans ce lieu où les détritus sont recyclés, les bouquins de cuisine bien rangés du plus volumineux au plus petit, que dans cette perfection d'ordre s'est nichée une imperfection évènementielle. Avoir oublié d'appuyer sur un bouton lumineux qui éteint le four à micro-onde.

C'est cette petite prise qui m'a permis en pleine nuit de me repérer car dans cet espace ordonné j'aurais pu tomber. Si j'avais simplement fait remarquer à mon ex-compagne, elle s'en serait voulu de l'avoir laissée allumée cette nuit-là.

Quand elle comprend que de cette petite erreur, une petite lumière m'a probablement sauvé la vie une nuit, je me permets de lui dire merci.

Le mouvement est là. Lequel ? Celui du cœur

1 : Car cette erreur est d'un orangé lumineux donnant vie à ce rangement.

2 : Mon ex-compagne est parfaite car elle a oublié d'éteindre ce qui lui semblait une erreur financière.

3 : Aurais-je pu écrire tant de choses sur cette fille qui commence à se voir sans son oubli temporaire dans un lieu où l'horloge ne bouge pas.

Un homme avait oublié de jeter le fruit qui était dans sa corbeille, il a créé le vaccin contre la rage.

Une femme a oublié d'appuyer sur un bouton lumineux…

8. Conscience de la mort des autres

La réflexion sur l'après-vie arrive paradoxalement avec la conscience de son absence. Les bonheurs ont beau être multiples, l'être humain, insatisfait tôt ou tard, se posera la question : où irai-je ? Cette conscience de la mort, de l'absence est le moyen de pression pour vivre d'instants présents.

Sans cette peur de mourir, l'homme se laisserait peut-être vivre en dehors d'une société qui s'articule autour de la survie par l'argent. Cet être se condamnerait ainsi à la faim.

Si l'enfant savait que la flamme est chaleur, il ne souffrirait plus du froid. Le paradoxe est l'adulte qui sait que la mort est froide de l'absence de ceux qui ne sont plus et qu'il risque d'en souffrir. Ne pas avoir de témoin de ce changement d'état légitime ainsi toutes les opinions que l'on pourrait en tirer.

Savons-nous par exemple que le temps n'a pas été inventé pour compter notre propre temps ? Au départ, il ne servait qu'aux agriculteurs, « l'âge de pierre ». Quand la fin du temps se fait entendre, nous essayons tous d'y mettre une image rassurante ou faire face à notre ignorance.

Et pourtant je pense que notre salut réside dans l'acceptation de notre mort et dans l'acceptation d'une probable vie éternelle et malléable ici sur Terre et sur d'autres planètes par le seul moyen d'une conscience plus éclairée.

La répétition d'un évènement ne fait pas loi. N'oublions pas que les lois proviennent de la Philosophie du cercle de Vienne : l'empirisme logique.

9. Le potentiel de chaque individu étant infini.

L'être sent que, quelle que soit sa raison, il est voué à un certain âge à répéter les mêmes schémas sous d'autres formes.

Non pas pour nous torturer, mais pour admettre une loi que la raison ne peut démontrer, mais que le cœur sent et ne niera jamais durant l'enfance.

Je suis donc voué à définir dans chaque univers que je côtoie et que je côtoierai, le même rapport envers moi.

Ce rapport me permet de rentrer au sein de groupes où l'existence se borne à dire et à redire :

Si je vis, si tu vis c'est pour que l'on se dise au départ trois mots qui donnent l'infini comme potentiel, entendre « je t'aime » pour pouvoir le dire chacun son tour.

La raison ne pourra pas nier cette loi, elle fait exister chaque univers.

Le potentiel est là, dès les premières secondes il devient infini et nous fait pressentir à chaque imagination qu'il y aura entre les lignes de nos rêves ces trois mots.

Même sous l'allure d'une erreur l'univers nous la montre, nous l'avons tous entendue. Mon impuissance sera la limite à le prouver :

On ouvre les yeux pour dire « Je t'aime » à cette vie.

10. De la facilité d'accepter la Vie

Avoir en sa demeure quelque chose de fragile nous invite souvent à confondre lutter et se battre pour sa vie. Nous animaux espèce particulière autant qu'une autre avons cru trop longtemps que le langage s'effectuait en première instance par la parole.

De cela nous bénéficions pour apprendre qu'en premier lieu comme les animaux nous sommes trop souvent victimes de nos peurs. Accueillir en sa demeure la fragilité nous laisse garant de ne pas confondre avoir un être et en être responsable. Nous sommes responsables autant de la joie que... autant de la paix chez soi qui s'effectue en soi en tout premier lieu.

Telles deux facettes d'une matière la psychologie est étudiée soit pour se protéger ce qui aura le plus souvent l'effet inverse, soit pour admettre que la folie est une partie de soi : sinon comment se ferait-il que l'on soit capable d'imaginer ? Rappelons qu'une discipline ne fait pas hégémonie sans les autres et ne peut évoluer sans les autres. Einstein a bien aidé la psychiatrie en travaillant sur des notions de physique.

11. « *La vie a un principe simple et pourtant l'être humain tente de le déjouer de façon compliquée.* »

« Plus je regarde l'abime, plus l'abime se reflète en moi. Plus j'ai d'idées sombres plus elles en engendrent. »
L'absence de pensées est mieux dans mon cas que l'absence d'acte. Ou bien, dans un sens positif, agir est plus profitable que de penser.

- La réalité est un monde rêvé dont nous vérifions la réalité au réveil. D'où la nécessité de communiquer.

Si bien que : prendre conscience que ce que l'on voit est une interprétation et non « La RÉALITÉ », nous permet de voir que le dehors comme l'intérieur sont spectaculaires.
La vie est une page dont nous écrivons à chaque instant un scénario.
Nos actes de contrôle sont limités par le hasard qui nous dépasse, même le contrôle pour le « bien altruiste » est un non-sens en lui-même.

Pour faire plus clair, bien que je croie que mes actes soient bons, quelle que soit mon émancipation sur le contrôle de ce qui m'entoure je ne connaîtrai jamais tous les aboutissants de mes actes.

L'altruisme du hasard est insondable. Il se pourrait que l'absence de jugement soit son principe fondamental.

Les actes associés à des pensées sont alors dénaturés. L'on ne connait jamais l'aboutissement final d'un acte, car il n'en a aucun.

- Le contrôle ne devrait pas servir à la domination, mais au souhait d'y apporter une part de nous-mêmes.

L'acte altruiste d'aider provient lorsque l'on n'en ressent plus le besoin.

Écrire n'a d'intérêt que lorsque nous n'en ressentons plus le besoin ni la nécessité.

Alors on finit par aider, écrire, car on aime cela sans avoir à se justifier.

12. Le chef d'orchestre

Quand l'éminent chef d'orchestre sortit ce soir-là, il ne s'attendait pas à voir un tel spectacle !

Au détour d'une rue, deux enfants sur un balcon tapent en duo dans leurs mains un rythme qui est parfaitement en harmonie avec le son qu'émettent les skateurs d'en face.
À cet instant il a un flash et rentre tranquillement se coucher en revisitant son idée.

Le lendemain naviguant dans les rues de la ville, il va a la rencontre de toute sorte de - musiciens de rues, de skateurs, d'hommes et femmes de tous bords, chantants chacun chacune dans leur langue respective puis fait de même avec les plus grands musiciens qu'il connaissait, quel que soit leur genre musical. Les invite tous à le rejoindre cinq jours plus tard dans une salle de concert dont le prestige en dit long sur cet homme qui est un inconnu pour les non-initiés à la grande musique.

Le jour de l'évènement des dizaines de personnes sont bien au rendez-vous.
Il leur dit de se mettre où bon leur semble et une fois le tout installé, matériel y compris. Il les invite alors à - chanter, jouer, aussi bien les musiciens que les sportifs.   Et leur

précise de continuer ainsi sans jamais s'arrêter tout en suivant si possible la signification de ses gestes, décrits derrière lui par des affiches qu'il a confectionnées auparavant.

L'idée d'un micro pour chaque groupe avec juste des boutons poussoir pour diminuer et augmenter le volume de chacun.

Ainsi la cacophonie commence. Il attend ce qu'il a observé dans la rue. Au bout (de peu de temps) d'un bon quart d'heure, il descelle une structure qui se forme.

Il l'a met en évidence tout en prétend toujours l'oreille sur le reste des sons et observe que d'autres s'accordent d'une certaine manière au premier groupe et ainsi de suite ; réussit ainsi à mettre les cent personnes en cohésion tandis que ses gestes deviennent aussi spontanés que les personnes présentes. Tous, lui y compris font partie de cette œuvre où tout s'est accordé naturellement.

Étonnamment surpris par le résultat, il dit à toutes ces personnes comment il avait eu cette intuition une semaine auparavant avouant avoir même eu un doute sur son rôle de chef d'orchestre ou d'acteur guidé par son intuition tel un accordeur c'est-à-dire sa propre utilité en tant que chef d'orchestre.

Il leur propose un titre et en convient à l'unanimité.

L'œuvre ainsi nommée :

L'ECOSYSTEME

———————————————

Le désordre est le désordre. Celui qui y met de l'ordre de force n'est autre qu'un dictateur. Celui qui en tire une mélodie est un instrument de musique.

13. Le monde de l'irrationnel

Conscient de l'existence et non de sa nature, tout autour du plus simple objet au plus complexe, une chose prédomine dans son esprit :
L'irrationalité contredite par des normes elles-mêmes fondées sur l'irrationnel.

C'est un fait que nous sommes spectateurs et acteurs.

Le problème de l'humanité est l'oubli, nous oublions trop souvent ce qui prime sur tout le reste. La vie s'est oubliée et la mort a fait son intrusion non pas dans le monde mais dans nos esprits.
Une chose est pour ma part sûre : la vie n'a de sens que pour la vie.

La question est : jusqu'où se borne-t-elle ? Et, dans le cas où l'infini est une des singularités de l'univers, le sens de la vie ne serait-il pas de s'épanouir en son sein ?

Avons-nous encore la capacité de nous montrer humbles devant elle ? Personnellement, j'ai confiance en la vie et je ne nous distingue pas des autres formes de vies.
L'être aujourd'hui conscient d'une mortalité... anticipe pour ses enfants, les enfants anticipent pour leurs parents. La

mort n'est pas le seul moyen d'obtenir un héritage qui se mord la queue.

Sommes-nous sous des normes ou accordons-nous leur trop de crédit pour en imaginer d'autres ?
La peur a toujours été l'arme la plus efficace pour paralyser l'esprit.

14. Un enfant dessine dans le jardin.

Un enfant dessine dans un jardin. Libre est son esprit autant que sa main qui tient le pinceau. Au bout de quelques minutes, l'enfant prend son dessin, rentre voir sa mère dans le salon.

L'enfant - Maman regarde.

La mère - C'est très beau, tu es plein d'imagination.

Elle regarde son enfant et voit son visage triste.

La mère - Tu es triste ?

L'enfant - Bah oui il n'existe pas assez de couleurs pour que je le termine.

La mère - Ne t'inquiète pas chéri il existe plein d'autres couleurs.

L'enfant - Ah bon, d'autres que celles que j'aie sur ma palette ?

La mère - Oui beaucoup d'autres.

L'enfant - Combien ?

La mère - Je ne sais pas. Plus que je ne sais en compter

L'enfant - Dans ce cas, je veux toutes les connaître pour faire de plus beaux desseins.

La mère - Il y a un dictionnaire là-bas si tu veux.

L'enfant - Merci Maman

*

L'enfant laisse son dessein à côté de sa maman, puis il va regarder dans le dictionnaire pour la première fois. Émerveillé de voir des mots, des choses qui le font encore plus rêver.

*

Trente-cinq ans passent pendant lesquels l'enfant a obtenu tous les diplômes existants.

Un soir leur enfant leur rend visite pour dîner. Tous les trois passent une très bonne soirée où leur sont contées les années d'études, les pays traversés, les univers rencontrés.

À la fin les parents et l'enfant vont sur la terrasse boire un café, le père lui pose la plus simple des questions.

Le père - Alors maintenant avec tout ton bagage, tu comptes faire quoi?

L'enfant - Je ne sais pas

La mère - C'est ironique qu'avec ton savoir immense, tu ne saches pas répondre à une simple question, non ?

À ces mots les trois se mirent à rire de l'ironie de la situation. Mais voyant l'enfant perdu dans ses pensées le père lui demanda :

Le père - Dis-nous tu te rappelles quand t'es venue cette telle soif de savoir ?

L'enfant - Non désolé de te décevoir.

Le père - Mais tu ne nous déçois pas bien au contraire.

La mère se lève alors, va vers la commode du salon et sort du premier tiroir de la commode son dessin.

La mère - Tiens.

En tendant le dessin à leur enfant, l'enfant si surpris dit :

L'enfant - Oui je me rappelle je n'avais pas assez de tubes de couleurs différentes pour finir mon dessin.

Le père - Et aujourd'hui tu saurais imaginer la suite et le finir ?

L'enfant - Je vous avoue que j'ai perdu la faculté d'imaginer. C'est ironique vous ne trouvez pas ?

La mère - Comment ça tu as perdu la faculté d'imaginer ?

L'enfant - Il n'y avait pas de cours d'imagination dans mes études.

La mère - Excuse-moi si cela te paraît hors-sujet mais s'il te plaît, explique-nous de façon simple ce qu'est un rêve.

L'entant - Une accumulation de souvenirs tels que des visages, des lieux aperçus ou entraperçus formant une histoire censée nous éclairer par leur analyse sur nos vies.

Le père - Ces rêves sont-ils animés ou sont-ils des images avec du texte ?

L'enfant - Tu plaisantes, vous rêvez aussi pourquoi cette question ?

La mère - S'il te plaît contente de toi d'y répondre, tu vas voir où nous voulons en venir.

L'enfant - Bon bah oui bien sûr ils sont animés.

La mère - Ce qu'on essaye de te faire comprendre, c'est que l'imagination n'est pas quelque chose que l'on peut perdre. Chaque fois qu'on s'endort on se sert de l'imagination, cette faculté.

Et ton père et moi pensons qu'un jour enfant tu as fait un rêve que tu as concrétisé : apprendre et savoir.

L'enfant : Oui c'est vrai mais maintenant ?

La mère : Maintenant il te suffit juste de faire un autre rêve. Car avec une telle palette en toi, ton dessein sera.

Quel que soit le savoir, l'expérience d'un être humain, l'imagination et son optimisme ont la faculté de faire resplendir sa singularité.

15. Retourner sa veste

Un homme commence sa vie et devient collectionneur d'objets de grande valeur. Un jour, des personnes inconnues lui offrent une chose, il n'a pas marchandé, ni émis de prix et encore moins discuté pour obtenir cette chose.
Cette chose est un lieu semblable en tout point au paradis.
Un jour il perd la trace du lieu et commence alors à agrandir sa collection d'objets pour satisfaire le vide qui s'est formé.
Tentant de toutes ses forces de le remplacer de combler un vide il va jusqu'à posséder le monde. C'est au moment où regardant un globe terrestre pense : c'est à moi et pourtant le lieu n'y est pas. Tout à coup il décide de délaisser de tout ce qu'il a et prend conscience que l'atmosphère harmonieuse et joyeuse du lieu magique, peuplé de personnes diverses plus ou moins humbles qui agissent en harmonie dans la joie et la prospérité ne s'achète mais peut se construire.

Il lui était dit qu'il serait riche ce fils. Car avoir en sa demeure intérieure un paradis dont nulle personne ne pourrait lui enlever, c'est quelque chose se dit-il. Comme l'instinct de simplifier ce qui lui a été donné pour s'en inspirer dans de nouveaux lieux, quels que soient leurs artifices, il les aborde de plus en plus avec facilité. Car avec lui vient un lieu d'on ne sait où et, c'est sans paraître chargé, qu'il porte l'eau du moulin qui façonne son paradis, tous les jours à partir de rien.

Je connais un homme qui sait se satisfaire de rien ou presque.

Juste à manger et à boire le long de ses pas.

16. Le papillon diurne

À peine éclos, le voilà qui s'envole.
La nuit est son jour et son jour la nuit.
D'où vient-il ? Et à quoi succombe-t-il ?
N'a-t-il pas le syndrome du
kidnappé ?

Pour n'amuser que seuls ceux-là qui veulent jouer ou
manger.

Telle sera la question.

Son cœur va vers la Lune.
Le Petit Prince l'attend-il ?
Je ne pense pas, mais une princesse pour sûr.
Sa méthode pour certains est obscure,
Que deux êtres n'aient comme seule façon de s'en remettre
l'un à l'autre : une étoile peu brillante.

Qu'on bénisse les réverbères
Qu'on bénisse une vie si étrange

Mon cœur, lui, y pense.
Car aujourd'hui un insecte a pris pour réverbère la chandelle
qui me permet d'écrire l'affection que j'aie pour son espèce.

Et si l'on me demande :
Que deviennent-ils après ?
Croqués par les vers ou mangés par une espèce qui n'en a
que faire ?

Je leur dirai : mettez-leur une puce GPS car pour le moment
ils n'ont pas de cimetière.
Cela m'importe peu.

Pour moi les êtres de Lune sont éternels
Car les écrivains les ont rendus immortels
Lorsqu'ils sont lus par nous autres éclaireurs de la nuit.

17. Ne rien faire est impossible.

Cela fait plus de quinze ans qu'un homme reste assis sans dire un mot. Il a vu passer plus de psychiatres que l'établissement n'en a accueillis.

Enfermé dans le vide de ses pensées, il reste assis sur sa chaise.

Une nouvelle aide-soignante vient d'arriver ; elle a demandé à ses collègues la situation de cet homme de soixante ans. Ils lui ont répondu qu'aucun psychiatre n'est parvenu à le faire sortir de son silence et lui ont conseillé de ne pas avoir trop l'illusion de l'atteindre : dans le cas contraire, elle se battrait contre un fantôme.

Ainsi le décrivait-on : un être attendant que le temps mette un terme à sa vie, à sa souffrance.

Chaque fois qu'une activité était organisée, la jeune aide-soignante a pourtant essayé de le faire participer. Gardant espoir en dépit des refus constants.

Se rendant à la machine à café, elle a regardé les patients dans la salle commune ; dans laquelle venait tout juste d'être admise une jeune patiente.

Lorsque celle-ci s'est présentée aux autres, l'aide-soignante a remarqué un changement dans les yeux de l'homme. Elle a réfléchi à la signification du regard mais n'a rien trouvé à part une triste tendresse.

Comme les autres, la patiente participait aux activités ; ayant remarqué cet homme assis seul dans la salle commune, elle l'a invité à les rejoindre – ce à quoi il a répondu « non ! » d'un ton strict et méchant.
L'homme est resté triste dans sa chaise les deux jours qui ont suivis ; et chaque fois que les deux patients se croisaient l'homme l'ignorait et la jeune fille baissait les yeux.

Le lendemain, après avoir vérifié que les patients étaient bien dans la cour, la jeune-fille s'est enfermée dans les toilettes et a déclenché l'alarme incendie.

L'évacuation des patients s'est déroulée avec beaucoup de soin : le personnel a fait l'appel et quand l'homme a entendu qu'il manquait la jeune patiente, il a bousculé tous ceux qui se trouvaient sur son passage et il est entré malgré le danger. L'aide-soignante ainsi que le psychiatre en chef ont pris le risque de le suivre.

L'homme est arrivé, il a entendu les sanglots venant des toilettes, il l'a imploré de sortir mais la jeune fille a refusé. Menaçant de défoncer la porte, elle lui a dit « si vous faites ça, je me tue ».

Le psychiatre a voulu intervenir mais la nouvelle aide-soignante lui a fait signe de se taire et d'attendre.

L'homme s'est écroulé devant la porte et il a dit :

L'homme – Pourquoi toi ? Elle aurait ton âge.

La jeune fille – À qui ?

L'homme – À ma fille.

La jeune fille - Alors pourquoi vous êtes si méchant ?

L'homme - Je trouvais cela injuste et lâche qu'elle m'ait été enlevée et que toi tu ne fasses rien de ta vie. Mais je réalise aujourd'hui que c'est moi qui ai été lâche de ne voir que ce que je voulais. Je suis désolé.

La jeune fille sortit et elle lui a dit :

La jeune fille - Je ne savais pas.

L'homme – Tu ne pouvais pas savoir. Cela fait maintenant vingt ans que je reste dans mon silence pour me punir.

En sortant les deux patients voient le psychiatre les regarder :

L'homme - Je suis désolé.

La jeune fille - Moi aussi.

Le psychiatre en leur souriant - Chacun trouve sa façon de s'en sortir.

Quand le hasard devient chance on appelle cela un miracle.

18. Einstein entre quatre murs

Un homme est entre quatre murs sans porte avec un simple miroir et une chaise.

Semble-t-il on a construit les murs autour de lui.

Pendant des jours il se demande comment sortir de ce lieu horrible, les murs sont d'une hauteur infranchissable le sol en béton. Il réfléchit encore et encore, râle puis un jour la colère explose en lui il prend le miroir et le jette par terre prend un bout du miroir et se met à faire un trou dans le sol en terre afin de passer de l'autre coté des murs.

Ne se rappelant plus qu'a l'origine le sol était en béton.

Sortant du tunnel, stupéfait de se retrouver face à des collègues, leur crie dessus, pestant et les accuse de l'y avoir mis.

Mais tous le regardent étonnés et un peu inquiets, il leur demande « pourquoi » tous restent silencieux à quoi ils répondent :

Mr Einstein nous pensions bien faire en ne vous dérangeant pas.

De rage répondit « mais vous m'avez laissé là tout seul » en désignant du doigt la pièce et s'interrompit brusquement stupéfait leur montrant une table, une chaise, un miroir cassé sur le sol mais aucun mur.

Là il réalisait sa propre illusion.

Il leur demanda de lui pardonner tout en allant dans son bureau l'air songeur. Ses collègues lui demandèrent quel était son objet d'étude, il répondit : je ne sais pas.

Sur le miroir cassé était écrit : je suis enfermé entre quatre murs.

19. La vie, la survie

La vie, la survie.
Ni Dieu, ni maître.
Seulement l'empathie.
L'amour pour la vie.

On dit prendre son temps pour en faire quelque chose,
Mais l'on ne dit pas : prendre son propre temps afin de faire
et d'en faire quelque chose.

On pourrait le dire lors d'un suicide :
" Cet être a pris son temps, celui qui lui restait. "

Si l'on prenait notre propre temps : qu'en ferions-nous ?
À quoi cela nous sert-il encore de ne faire que passer comme
depuis la nuit des temps ?
Ne serions-nous pas plus sages ?
Aurions-nous l'éternité pour faire plus de choses ?

Aurions-nous plus de temps pour profiter de la vie ?

20. L'héritage : le voyageur intelligent cherche mais sait qu'il ignore où il va.

Cherchant la nature des choses, un sens à la vie, j'ai compris un jour que, faisant partie de ce qui existe, je ne pouvais pas trouver la réponse à la question: « pourquoi sommes-nous sur Terre ? » Je pense cela car, existant, je devins un des objets de ma recherche. Je ne comprenais pas que l'égocentrisme, le lucratif par des désirs inassouvis sont des freins qui me rendaient incapable d'effectuer cette recherche.

Aujourd'hui, cette recherche me semble si ironique qu'elle me paraît absurde sous bien des aspects.

Je ne sais si ce texte sera lu un jour mais sachant que l'héritage le plus singulier qui m'ait été donné provient d'un être qui n'est même pas de notre espèce, demain sera différent.

J'ai appris que chaque tâche, par sa nature, peut être abordée avec autant d'adjectifs qu'il en existe dans un dictionnaire. Une petite tâche - aussi futile soit-elle - a pourtant la même importance qu'une tâche qui paraîtrait communément dure, astreignante ou importante...

Toutes les choses que nous faisons chaque jour ne devraient pas avoir d'adjectif gratifiant ou avilissant. Un acte est un acte.

Et naître, c'est gagner au loto où les chances d'avoir le bon numéro sont d'une sur l'infini, ce qui me rend chaque jour perplexe et plutôt admiratif de la vie - qu'elle ait un sens ou non.

Le fait que la vie de l'univers ait un sens abyssal me paraît dangereux si on court après elle.
Comme l'a dit Freud :
'' A chercher un sens à l'univers, on risque de se perdre ''

Pour moi, l'errance pure n'est pas un objet de la pensée salutaire ; et les êtres qui s'y soumettent ont préalablement perdu les repères - de ce qu'ils sont, de ce à quoi ils aspiraient. C'est dans ces instants-là que le voyage peut leur paraître très long.
   Pour ma part, nous sommes tous sous une forme d'errance salutaire - que nos objectifs soient atteints ou non. Chaque soir devient alors un voyage vers le demain et se poursuit dans un singulier présent dans lequel chaque objectif et chaque échec, nous font avancer avec une infinité de qualificatifs.

Conscientiser que quelles que soient nos responsabilités telles que respecter un objet, un son, un être, c'est d'abord comprendre son importance. Regarder mon verre d'eau doit me faire comprendre que s'il n'existait pas, l'eau se déverserait sur ma table. N'attendons pas de prendre cet exemple avec un proche pour comprendre que tout objet a sa propre raison d'être et bien plus encore.

La nature des choses est sûrement de chercher à comprendre à quoi servent les paradoxes qui se présentent devant nous.

Car si l'univers a créé la vie, nos vies l'étudient et ont oublié comment en jouir.

Tels deux ingrats : l'Univers et Nos consciences.
Tels deux amis : c'est grâce à lui, à elle, à eux.

« Parce que c'était lui. Parce que c'était moi ». Robinson et Crusoé.

21. Un coup sur la tête, un éclair

Florent aveugle depuis peu.

Un coup sur la tête, un éclair, enferma ses yeux dans un abysse. Là où toutes les couleurs s'envolent pour ne devenir qu'un vieux rêve.

Restant assis dans son vide plein de…

La lumière était dans la pièce pourtant mais profondément cachée en lui.

Quand je passais devant lui le saluant avec un bonjour il m'avait toujours répondu en un sourire à peine audible.

Je n'ai pas eu assez de temps pour m'asseoir à tes côtés, j'espère seulement que quelqu'un a su patienter assez longtemps afin que tu t'ouvres pour que tu libères ce pour quoi tu te fustigeais autant. Quel que soit l'endroit un banc d'hôpital, de square, même un « ça suffit tu me parles » amical.

Ce dont je me rappelle c'est ton regard lumineux le temps d'un « bonjour », une grand-mère qui après un chocolat se lèche les doigts tel un enfant qui prépare un gâteau, un chat, un chien, un lémurien qui penche la tête pour comprendre notre bêtise d'ignorances.

''Une fleur'' dont notre gratitude envers son existence sera toujours insuffisante.

22. Il a élu domicile

Il a élu domicile dans un endroit bizarre et très étrange ! En réalité il ne sait pas où il est.

Il y voit toutes sortes de choses mais est incapable de les décrire, encore moins de les nommer.
D'une certaine manière cet endroit a aussi élu domicile en lui et ses actes ont les mêmes caractéristiques, qu'elles soient physiques ou mentales.

S'il devait nommer cet endroit, m'a-t-il dit, ce serait le hasard.
Mais on lui a rapporté que cet endroit se nomme - la Terre, l'Univers, la réalité.

Pourtant il garde à l'esprit :
Quand je vois, je vois
Quand je sens, je sens
Quand je goûte, je goûte
Quand j'entends, j'entends
Quand je touche, je touche
Mais ne sais ce que c'est.
Et dès que j'y pense, je dénature tout.

Alors il a décidé, tout en sachant que ce n'est que son illusion, d'apprendre plus de cette réalité et d'y vivre comme il en a envie...

Donc effectivement il a élu domicile au hasard... dans la réalité.

OUI MAIS LAQUELLE ?

23. Le politiquement correct

Les outils du conformisme sont des obstacles à la création artistique. Pourtant toutes lettres, tous symboles employés ont une importance capitale à l'instant t.

Et pourtant le hasard par son altruisme domine.

Au levé : le silence est d'or, en soi la patience est Mère de sagesse, l'acte est bizarre et restera une percée dans l'obscurité.

Du temps immobile je suis illuminé par le caractère fantastique de la vie.
Les armes sont absentes quand le bonheur est là.

Cinq sièges pour cinq personnes qui ne se connaissent pas : quatre assises et une reste debout !
Quatre sièges cinq personnes : quatre assises une debout.

J'écris parce que j'ai pensé à ce que j'écris

J'ai cru que penser allait me mener là où je pensais aller.
Mais par le moteur du temps immobile, j'ai appris à ne plus penser à la destination pour profiter du voyage.

24. L'héritage : le voyageur intelligent cherche, ne sait où il va et profite humblement du voyage qui lui est offert.

Naître, c'est déjà gagner au loto où les chances d'avoir le bon numéro étaient d'une sur l'infini, ce qui me rend chaque jour perplexe et plutôt admiratif de la vie - qu'elle ait un sens ou non.

Les adjectifs, dénaturant les singularités des choses, se bousculent. Prendre vite conscience que la sérénité arrive par une simplicité enfantine et ne pas passer sa vie sur son égocentrisme, quel qu'en soit l'objet : l'amour, l'argent, les idées. Comprendre que je ne dois pas faire tout tourner autour de mes souffrances ou de mes fantasmes.

Le plus dur sera toujours de savoir si ce que je fais est une fuite pour esquiver un souci ou ...

Chaque tâche, par sa nature, peut être abordée avec autant d'adjectifs qu'il en existe dans un dictionnaire. Une petite tâche - aussi futile soit-elle - a pourtant la même importance qu'une tâche qui paraîtrait communément dure, astreignante ou importante.

Toutes les choses que nous faisons chaque jour ne devraient pas avoir d'adjectifs gratifiants ou avilissants.

<u>Un acte est un acte.</u>

Sous une forme d'errance salutaire - que nos objectifs soient atteints ou non. Chaque soir devient alors un voyage vers demain et se poursuit dans un singulier présent dans lequel chaque objectif et chaque échec nous font avancer avec une infinité de qualificatifs.

<u>Car :</u>
<u>À la recherche d'un idéal, j'en ai perdu la vue.</u>
L'inconditionnel est la singularité du voyage "apprendre" - apprendre et apprendre qu'on en sait de moins en moins. Qu'on le veuille ou non, le seul choix qu'on puisse faire, c'est avoir ou non confiance tout au long de la route.
Là réside : soit la conscience de notre ignorance salutaire, soit des anticipations reflétant nos craintes. Cela est notre dilemme à chaque instant.

La vie est faite pour être écoutée, ressentie et il n'y a qu'un système pour moi : ne pas rendre ma propre singularité silencieuse. Je ne suis pas qu'un observateur du système, en faisant partie j'interagis que je le veuille ou non, avec lui. De la conscience de mon interaction avec l'univers, chaque avis que j'émets sur les autres ou moi, se doit d'être plus beau aujourd'hui qu'hier, plus beau demain qu'aujourd'hui… Accepter les paradoxes. Ouvrir son cœur ou réapprendre à ouvrir son cœur.

25. Quel fantasme est-il le plus tendance ?

L'espoir se veut inconditionnel nous montrer humble devant des mondes mais toujours entrer pour y apposer une lumière. Nous ne prétendons pas avoir toutes les solutions aux problèmes personnels mais nous sommes au moins là pour témoigner de vivre ce bonheur et le partager avec ceux qui en ont besoin

Se vouloir heureux heureuse à n'importe quel prix n'est pas à démontrer. Cher le prix du bonheur nous sommes tous prêts à payer. Même lors de l'envol de nos rêves par manque d'espoir en leurs réalisations

D'autres rêves prendront leurs places. Même l'être le plus triste trouvera réconfort dans l'illusion de ne plus rien ressentir. C'est ainsi que le suicidé est un "être" qui a un tel espoir paradoxal qu'il l'a trouvé dans la mort pour ne plus rien ressentir.

Et pour la majorité, quel est le bonheur qui réussit à nous faire garder espoir en la vie ?

Vouloir être heureux heureuse à n'importe quel prix n'est pas à démontrer. Aussi cher soit-il nous sommes tous prêts à payer le prix du bonheur même lors de l'envol d'un rêve par un manque d'espoir en sa réalisation un autre rêve prendra sa place tel l'être le plus triste celui-ci trouvera réconfort dans le fait de ne plus rien ressentir penser. C'est ainsi que le suicidé est un être avec un espoir paradoxal

trouvé dans un état dont le salut est notre ignorance de l'au-
delà.

Mais pour la majorité d'entre nous à quel bonheur
succombe-t-on

Aussi cher soit-il c'est-à-dire gratuit l'espoir trouvé se doit
d'être gardé et remémoré.

Même dans l'obscurité petit à petit la lumière du bonheur se
fait voir

26. De la transformation à la création

Vouloir changer ce qui nous entoure…

Les physiciens, afin de mettre un sens à l'existence, sont à la poursuite de l'origine de toute chose existante.

Quand l'homme a découvert que de l'argile molle, il pouvait en faire des objets durs, s'est-il demandé : « ai-je fait, ai-je découvert ou bien ai-je confirmé un doute » ?

Il ne s'est surement pas demandé: "ai-je transformé l'état de cette matière". Car dans ce cas, il n'aurait surement pas fait un bol mais une forme aléatoire.
Quoi qu'en disent les scientifiques, les deux propositions sont vraies mais l'une est plus avantageuse que l'autre. Autrement dit, cet être a effectivement transformé l'état de cette matière et a créé un ustensile vital pour sa survie.

En quoi sommes-nous arrivés à sans cesse être à poursuivre des recherches sur la nature des choses passées ou sur ce qu'il nous manquerait ? Serait-ce dû à des regrets, à des peurs ou simplement à notre curiosité ?

Depuis deux siècles, nous nous sommes livrés corps et âme à l'amélioration de notre style de vie.

Paradoxalement, pendant ces deux siècles, jamais l'homo sapiens-sapiens ne s'est plus distingué de l'harmonie terrestre.

Soi-disant la conscience de la mort nous consacre comme plus évolué, ainsi nous nous distinguons outre mesure de l'animal, oubliant ainsi que nous ne sommes qu'une espèce de plus de ce qui vit. Paradoxalement, mon opinion est que tout autre forme de vie macroscopique comme microscopique dont les capacités auraient été semblables aux nôtres (c'est-à-dire: le pouce opposable pour nous) aurait eu le même bilan d'égocentrisme.

Quoi qu'en dise un E.H, la mort, l'existence, nous pose problème par notre ignorance et nos doutes. En observant un enfant affrontant la toute première fois la mort d'un être cher, on le verra pleurer énormément du fait du non-sens qu'il observe. Pour lui comme certains d'entre nous en deux lettres, ce qui est destiné à mourir n'est pas ce qui est né !

Au paradoxe auquel l'enfant vient d'assister, on peut vite imaginer ce que cela a produit chez nous :
- Un pessimisme qui se traduit par une phrase puis une parole, qu'enfant sans l'expérience immédiate ou passée nous ne pourrions tolérer. Cette phrase est "la vie fait partie de la mort". Pourtant la phrase qui me paraît plus juste par

son pragmatisme est "la mort fait partie de ceux qui vivent jusqu'à preuve du contraire". La parole qui s'en suit le plus souvent par un pseudo réalisme est : "Tôt ou tard mon enfant, nous sommes tous destinés à mourir »... une bêtise de plus, apprise comme un refrain. Dont seul celui qui dit savoir peut y prétendre.

- Mon opinion est que du fait de cette constatation l'E.H a régressé à tel point qu'il ne prend plus conscience des liens qui le rattache tous les jours - aux vivants, la terre, du soir au couché, même seul chez nous.

Par quel miracle en est-on arrivé à conclure une forme de destinée pour la vie, la dissociant de la matière ? Je me propose donc de poser une question qui peut permettre de voir comment :

Quel peut être l'impact de la mort sur les générations futures selon les caractéristiques de l'espèce ?

Considérons deux singes :

Premier temps (x) : un mâle, Béné, et une femelle, Tarra.

Second temps (x+1) Ils font un enfant, un mâle, Elaf, qui grandit et se trouve à son tour une compagne, Amera.

Troisième temps (x+2) : les parents, Béné et Tarra, décèdent.

Quatrième temps (x+3) : Elaf et Amera font un enfant, une femelle nommée, Rïa

Sur combien de générations la mort de Béné et Tarra a-t-elle eu un impact ?

Pour ma part, je pense une seule: celle qui a suivi, c'est-à-dire celle de Elaf et Amera. Je pense cela, car sans moyen de communication - dessins, écrits, etc. - Rïa n'a aucune notion de généalogie antérieure à ses propres parents et donc notion de la mort de ses grands-parents, ni de celle de ses parents et encore moins de la sienne.

Et que pouvons-nous dire des liens spéculés ? Tel le moment où les parents de Ria vont au-delà de la montagne au-delà de leurs perceptions des uns des autres pour trouver à manger. Ria voit l'absence ou plutôt ne voit pas. Elle prend présomption de l'absence prolongée. Intéressante question que l'évolution, de nous savoir avec les autres, nos connexions aux autres.

Car si demain on prouve que la phrase réconciliant la mémoire vivante : Ils vivent en toi. Que la science accepte que ton image ne soit pas comme la photographie moderne a expliqué aux peuplades des continents à partager qu'elles prennent bien une trace de ton âme. Comme une trace ADN laissée derrière nous, nos particules de lumière sont aussi des traces qu'on se doit d'apprendre à utiliser.

Dire, qu'une particule de lumière est quelque chose de l'être, de toi et d'eux. « Ils vivent en nous » est une loi physique, biologique et en nous un livre fait des traces des existences au-delà d'un souvenir anecdotique il y a de réelles traces.

Faites des photos, ressentez les autres et ouvrons les yeux sur la vie.

Ainsi je pose la théorie selon laquelle c'est par l'évolution de la graphologie de certains des premiers groupes sociaux, leurs dessins puis leurs écrits (pas tous). Que le pessimisme devint une idée de destin.

Ce qui est encore plus étrange c'est que ne sachant pas où se limite la vie dans le microscopique, même les scientifiques par analogie émirent l'idée que l'univers allait être soumis à la destinée (Big Crunsh); puis récemment ont contredit cette théorie en l'inversant. Passant presque tous de la rétractation de l'univers sur lui-même à l'expansion éternelle de celui-ci. Merveilleuse est cette nouvelle dont le potentiel pour la vie est bien plus grand. Mais encore une fois l'idée de fin fut admise comme une loi et l'entropie de l'univers (le refroidissement de l'univers car tous les astres s'écarteraient les uns des autres) deviendrait avenir.

Je pose la question encore une fois : où se limite la vie ? Pour moi, à notre imagination créative.

PS : J'ai omis dans ce texte le thème de la création. Et pourtant il s'agit bien de cela.

27. *Quand un être humain est fatigué d'être ce qu'il est.*

Apporter des solutions pour les autres, alors qu'une seule les soulagerait d'un poids qui les ralentit.

On cherche, on cherche et certains ne se rendent pas compte que la solution est si simple.

Au pourquoi des hommes prient je ne sais quoi, du microscope à leur dieu.

Pourquoi pas, je ne juge pas tant que cela les laisse vivre.

Mais à la raison d'une question existentielle : pourquoi ceci ou cela ? Réside toujours une même frustration ou insatisfaction. Le bonheur ne s'achète pas, la liberté non plus et là est bien la cause de tant de désaccords et de déséquilibres, déclenchant parfois l'absence d'évolution.

Oui et Non ne forment qu'un qui lui aussi a son alter ego.

Nous ne sommes en rien différents de ce principe. Ce que certains haïssent ne s'aperçoivent pas qu'ils le convoitent.

La complémentarité n'est pas à confondre avec l'opposé. L'opposé vient d'un refus. Dans l'univers rien n'est refusé rien n'est opposé. L'univers est simple car il accepte.

Nous nous forgeons dans ce siècle sur nos différences (points communs) qui se devraient soi-disant être nuancées si majeures qu'elles devraient nous sacraliser. Heureusement nous sommes tous identiques avec une singularité. Refuser notre singularité pour nos points communs c'est refuser d'être identique en tout point.

L'équation est stupide en soi mais son génie est là. À chaque être il y a son complémentaire. La vision du mal et du bien est si injurieuse pour une société qui se maintiendrait dans ses propres chaînes qui l'empêchent d'évoluer. On accepte difficilement que les notions de bien et de mal forment les peurs les plus absurdes qui soient.

Un être est enfermé, des murs, un plafond, un sol autour de lui en béton. Il y a un miroir avec lui. Comment sort-il ?

Toute sa vie il essaye de se voir tel qu'il voudrait être. Plus le temps avance, plus il se rend compte que le miroir n'est que la vision de son esprit, en aucun cas lui. Alors il brise le miroir admettant qu'il ne sera jamais autre chose que ce qu'il est : les murs, le toit disparaissent.

La réalité est inaccessible par la pensée c'est pourquoi la pensée forme l'illusion de notre réalité.

Admettre qu'on ne voit que ce que l'on veut voir au plus profond de notre esprit.

Nous pouvons ressentir la réalité dans l'écoute de nos sens, une méditation (faire le vide dans nos esprits) permettant à l'esprit d'accueillir la plus simple vision de la réalité, une réalité non formatée.

28. Théorie de la dépression humaine généralisée

"La vie est un rêve, réalisez-le » Mère Teresa

"La foi est extrême une révélation passionnelle et approximative que la vie est indéfinissable elle nous a permis par la raison de mieux comprendre cela." Charles Hamonnais

"La vie est un rêve imaginé, comprenez lequel nous réalisons." Charles Hamonnais

La théorie de la dépression humaine généralisée sur le plan de la vie (définition maladroite de la vie dans les mots croisés), l'exemple de l'histoire de Béné et Mala a pour but de faire comprendre que la nécessité du pluriel vient d'avant nous. Avant que nous essayions de comprendre la vie, par des notions trop souvent restrictives qu'on ne peut comprendre dans l'absolu sans certaines notions, les mots, les notions de la vie (qui nous ont permis d'échanger sur la vie et dans la vie) sont apparus et continuent d'apparaître dans des contextes restrictifs comme tronqués:

Ils ont eu grâce à nous comme effet majeur de non seulement borner la vie à nos yeux mais du même coup la vie de certains d'entre nous.

Pour être plus précis, la vie est passée par des phases nécessaires à mes yeux pour comprendre ce qui apparaît aujourd'hui:

Les espèces vivantes en ses débuts contenaient déjà la notion d'imagination. De ce fait les autres espèces animales qui nous ont précédé auraient évolué par une fine distinction entre l'imaginaire et le réel. Tel l'animal terrestre s'imaginant en tant qu'oiseau. Les procédés qui furent à l'origine des mutations de ces espèces s'appellent le sommeil et l'espoir qui ont un effet créatif dans la composition du génome. Le savoir étant une chose commune dans l'absolu (en tout et pour tout) les échanges de bons procédés vont bon train sous formes diverses, tel le changement de génome (comme protection pour une maladie) mis à l'échelle des cerveaux des animaux.

Manifestation d'une espèce majeure pouvant interpréter
Échanger
Étudier la vie
Jusqu'à la définir
Le nombre ne fait la loi l'espoir allant dans le sens de la vie
oui

29. La sérénité au quotidien

L'idée de Pascal sur l'état d'un être insatisfait va avec demi-mesure avec l'état de plénitude.

Ainsi quand on cherche la solution à quelque chose c'est qu'on a déjà trouvé la réponse.
Une question posée est une sorte de vide qui se remplit immédiatement par sa réponse. Le tout étant avant l'oubli qu'on pourrait appeler la latence du tout.

Se considérer égaux avec la nature, tout ce qui nous entoure dans notre faculté à attribuer la valeur infinie à ce qui est infini. C'est en quelque sorte faire la paix avec nous-même. Là où le mot Amour est à son plus large spectre.

L'état de plénitude est dans ce rapport avec la paix interne qui prend ensuite lieu où que l'on soit et quoi que l'on fasse. L'avis que la pensée dans cet état de paix, le langage le plus pacifiste qui s'entretient alors dans une sorte de silence ou de brouhaha quotidien entre l'univers et l'être.

La plénitude de l'être est alors dans ses actions, la contemplation, la contemplation dans son action.
Un mécanisme pour la vie de travailler avec sérénité.

30. L'ignorance dans les tripes

Un hasard lourd m'a-t-on dit ?

Effectivement, des cauchemars sont présents la nuit. Et il intellectualise son ignorance mais ne l'a pas dans les tripes.

Tel un être humain qui regarde son chat boire dans la gamelle et se dit que pendant son absence son chat va s'ennuyer.
Il a l'idée d'aller acheter un bocal à poisson très spécial. Le bocal est à double fonction pour amuser le chat.
Au fond du bocal : un poisson protégé par une vitre et dont un tube remontant à la surface lui permet de respirer; l'eau au-dessus de la vitre permet au chat d'avoir à boire et de s'amuser.

Il pose le tout sur la table et part rassuré. Pendant un temps le chat s'amuse bien mais un jour le chat devient si frustré de ne pouvoir attraper le poisson que le chat pousse le bocal qui en tombant se brise.

Le chat, ne pouvant plus boire, meurt comme le poisson qui gît à terre.

31. Tu peux toujours te poser des questions ou bien vivre sans.

Nos inquiétudes, nos peurs, les frustrations qu'elles engendrent ; ne sont rien comparées à la raison par laquelle la vie peut être vécue simplement.

L'absence d'une personne nous affaiblit parfois par crainte qu'elle ne soit pas près de nous ou par constatation, la peur est bien le syndrome qui nous empêche de dire la vérité de comprendre que même à l'autre bout du monde, *nous sommes* ; d'une manière ou d'une autre connectés.

Je m'interdis de m'élever pour la même raison où j'ai refusé le repos éternel. La vie est ma raison de rester. L'empathie n'est pas une chose avec laquelle on devrait jouer. Tendre la main c'est attraper celle de quelqu'un qui vous l'a tendue.

Je suis humain pour ne pas être Dieu. Malgré cela, j'agis sans que personne ne s'aperçoive de quoi que ce soit. Je me réveille quand on a besoin de moi, je donne quand on me demande mais pas quand on m'abuse. Quelle facilité je donne à tout autre que moi et je ne peux me permettre de donner plus que je n'ai. Pourtant de belles choses en sortent quand certains me rendent la monnaie de ma pièce …

Je n'ai jamais fait le vœu de devenir qui je suis. Mais je l'accepte.

32. La nouvelle donne

Apparition de phénomènes extraordinaires dans le monde actuel remettant en cause notre rapport à la vie :

- Le petit bouddha en mai 2005 fut découvert dans une région méconnue du Népal. Ce jeune moine à l'âge de 15 ans s'est assis en lotus sous un figuier géant à deux heures de son village. Assis en pleine méditation sans boire, ni manger les yeux fermés il restera ainsi 6 mois.

- La méduse (*turritopsis nutricula*) : La petite méduse dépasse de loin tous les records. Biologiquement, elle serait immortelle. Il semble que celle-ci puisse redevenir un polype, pour se transformer de nouveau en méduse et ainsi de suite. Soit un cycle de vie éternelle... Les chercheurs commencent à peine leurs études sur ce phénomène incroyable.

- L'ascète hindou qui jeûne depuis soixante-dix ans : À quatre-vingt-trois ans cet homme prétend n'avoir ni mangé ni bu depuis soixante-dix ans. Sa capacité selon lui viendrait de son aptitude à se nourrir de la lumière du soleil. Il ne dit pas avoir refusé de se nourrir comme nous tous mais simplement que cela ne lui était plus nécessaire.

33. Une métaphore bien réelle

Pourtant loin je les entends
Ces pleurs qui tombant au sol
Se font entendre par ceux qui
Ont l'oreille tournée vers la Terre.
Tendre un mouchoir même
Quand les larmes coulent à l'intérieur
De ton corps.

Au fond prendre l'image
D'une flamme chaleur
Et la mettre près du cœur.

Regarde ces petites gouttes d'eau salées
S'évaporer.
Toute cette brume, tous ces nuages,
D'un baisé se font souffler.

L'envie, la joie, les sourires pour
Dire
Que de l'émoi, l'espoir arrive
Et nous envoie ses éclaireurs aux portes
De nos cœurs.

34. Secret d'État

La solitude débattue
En courage d'entreprendre
À plusieurs

La solitude débattue
La présence du paradoxe
Que vous soyez là

Le secret d'État
Pour l'ironie des existences qui
Vont de soi aux autres
La présence ainsi secrète
Devenue bijou
Du cœur et de l'instant

La solitude débattue
Amène à la présence d'état
Un secret qui n'est plus

Un secret partagé
Un se-créer partagé
Aux yeux de tous

35. *Le choix implicite*

Doctrine désavouée
Devant nous l'horizon
Devant lui nous le devenons
Lieu où la Terre rejoint le ciel

Ce qui nous tue et qui n'a que
Peu de remèdes
Cancer, l'immortalité d'une cellule

Serait la manière qu'a trouvé
L'univers de nous montrer
Notre erreur et notre salut

La plupart du temps l'évidence
Est sous nos yeux
Mais l'univers n'a pas
Un langage comme le nôtre
Les plus grandes découvertes
Se font par leurs présences quotidiennes
Qui sous le regard de certains, certaines
Apparaissent comme révélations.

Si nous n'avions pas la parole
Que notre corps soit invisible
De par son omniprésence

Comment feriez-vous pour
Si vous étiez fait de plusieurs membres
Comment feriez-vous pour discuter
Avec un d'entre eux

L'évidence n'en est que trop belle
Les moyens employés pour
Faire de nous-mêmes des
Êtres de raison enclins à partager
Peuvent faire apparaître une
Relativité de l'intelligence

Ces cellules pour créer des êtres par milliards
Des milliards créés à partir de cellules
Pour engager l'évidence de cet être
Plus grand et pourtant notre égale

La naissance de formes poétiques
D'enfants qui se sont amusés
À recréer un tel système
Qui s'appelle Internet

En étudiant l'histoire, on remarque
Que lorsque L'objet salutaire
Devient invisible.
De façon évidente crie sa présence.

36. Se relever pour mieux exprimer

Cette force de l'âme
Qui n'a que faire des soucis ordinaires
L'amour nous est beaucoup plus cher

A tel point que nos forces vont
De pair avec elle.
Ce n'est plus une idée
Est-ce une idéologie
Ce terme me fait peur quand
Le seul but est d'expliquer et
De s'accorder à se dire :
C'est toujours trop tôt.
Alors faisons quelque chose !!!!

37. Le temps d'un ralenti

L'on m'a apprit à regarder
Dehors et me dire cet endroit
Est plein d'opportunités
Je pense et je repense
À cette fête mortifère
En moi l'envie sourde de crier
« Mais arrêtez, à quoi sert
Cette mesquinerie
La personne crie je vis
Et si sûr de nos conneries
Vous ne voyez pas
Le problème qui se pose devant
Ne faites pas la sourde oreille
Ne fêtons pas l'incompréhension
Et encore moins la douleur qu'elle nous livre. »

Ce faisant j'aurais préféré rester
Dehors au froid assis pour méditer
Sur cette infortune
L'arnaque n'a pas eu de prise sur moi
Tant de savants pour de si petites réflexions
Qu'un enfant de quatre ans aurait mis
À jour en disant : quatre-vingt, quatre-vingt-dix
Et après ?

Tous l'air gêné

Les artifices seraient tombés

L'espace d'une seconde mon cher

Avocat votre ligne de défense

Serait tombée bien bas

Devant cet être qui soi-disant en sait moins

J'ai mal mais ne dis rien

Au-delà vous avez heurté le cœur

D'un être qui m'est cher.

Si demain la raison vous

Donne, la régénération,

Si demain vous donne

L'immortalité. J'aurai

Perdu une phrase

Dont j'ai horreur

Je n'aurai plus de métier dans ce secteur

Et j'en rêve

Car au fond je préfère

Être au chômage de

Cette lutte effrénée

À batailler contre

Un mal aveugle

Bien mal déguisé

Qui se vautre sur une

Terre trop nourricière

Lui couper les vivres
Et de même si je dois
Lui enlever ses prisonniers,
Qui naviguent dans nos mémoires.
Qu'il en soit ainsi.

38. Quand l'avenir se montre souriant

Quand l'avenir se montre souriant

Souris-moi car ta voix me fait pleurer de joie

Les dramaturges sont licenciés

Les comiques négligés

Les écritures chantées

Ne pèse pas tes mots

Regarde, ils s'envolent

Regarde ils brillent

C'est toi moi au bord de la plage

Le va-et-vient de l'eau dans nos mains

Regarde ils sont ceux qu'on attendait depuis deux millénaires

Regarde la force de tendre la main vers l'aveugle qui t'a fait tant pleurer

Il s'efforce de passer ses mains à travers le brouillard qui nous sépare

Armés des mêmes mots d'amour

Toi et moi jetons-nous sur eux pour les étreindre.

39. La différence entre mouvement perpétuel et temps perpétuel.

Le temps perpétuel est la conclusion de l'étude des illusions (interprétations) différentes soient-elles pour chacun d'entre nous.

Nous arrivons dans une période de l'humanité non pas, de L'évolution ou de Créationisme mais une période où l'observation que l'imagination fait évoluer notre interprétation de ce que nous savons.

Le temps de l'évolutionisme-créationisme.

Ainsi pour entrer dans cette absinthe, il faut passer par la différence entre espace-temps et espace temps.
L'illusion de l'espace (contexte) est nécessaire et se plie à l'illusion du temps.

D'où le perpétuel instant présent.

Le mouvement perpétuel n'aurait rien d'un fantasme mais une constante si présente autour de nous qu'elle est devenue invisible comme le vent, l'air que nous respirons.

40. *La joie*

Le moment où l'esprit prend le pas sur le corps.

La joie, le bonheur est un état d'esprit. C'est bien sûr grâce à mon esprit que j'écris.
C'est dans la conscience de mon esprit, quoi qu'imparfaite, fera l'affaire pour ce que j'ai à dire. Le préambule de ce que je vais écrire est le préambule de ma vie.

Autour de moi ce matin, il y a des objets par centaines. Afin de comprendre ce pour quoi je vais qualifier ces objets de vivants a une explication émotionnelle, mais pas seulement.
Si je me mets à qualifier ce qui m'entoure comme matière inerte et non vivante, j'ai la sensation terrible de ne plus exister.
Si je qualifie ce qui m'entoure de vivant cela n'a pas pour but de donner des facultés hors normes aux objets.
Mais ma certitude est que ce qui m'entoure est en vie, la raison en est absolue et sans appel. Celle-ci sera :

Enfermé dans une pièce avec un lit des toilettes à manger sans mot, je ne deviendrai pas fou dans l'immédiat, tout ce qui m'entoure sera le contenant de moi, enlevez ce contenant et je tomberai dans l'espace vide et sans lumière.

Si je donne au contenant le témoignage dont il fait part pour ma vie, je serai honnête.

La vie a des formes, des états que je ne peux qualifier autrement que par mon commencement : ma vie.

Paradoxalement, je ressens des êtres humains qui feraient mieux de rester assis devant un verre vide, s'ils ne comprennent que leur univers ressemble à leur verre.

Ceux qui défendent les limites seront déterminés par cette notion de limite.

Ainsi allumer la lumière dans une pièce c'est avoir la sincérité de savoir se présenter à la pièce et à ce qui y vit.

Ma feuille était blanche au départ. Un sage m'a dit : (« Je ne suis pas dans les cendres, je ne suis pas les cendres, je m'en vais, te laisse celles-ci, mais je t'aime. Réveille-toi.»)

Les esprits, quoi que vous soyez, parlez à travers d'autres et tandis que j'écris à la main, ma sœur d'une autre race (Mimine ma chatte) est posée sur l'imprimante prête à imprimer, d'ailleurs à l'instant où je vous écris, elle vient de faire une copie d'une page en appuyant sur le bouton ce qu'elle n'avait jamais fait jusque-là. Vous, nous avons de drôles de manières pour communiquer.

Tant que la vie n'aura pas eu dédommagement c'est-à-dire le respect qui lui est dû ; nous n'aurons de répit de renaître de vos cendres.

La vie au-delà de l'au-delà, se trouve juste devant moi.

41. Remise en paix

Je jouis du présent, j'achève en paix ma vie
Dans le sein de la Liberté.
Je l'adorai toujours, et lui fus infidèle ;
J'ai bien réparé mon erreur :
Je ne connais le vrai bonheur
Que du jour que je vis pour elle "
Belle ode à la liberté ...
Je crois que j'aime Voltaire !!!

Tel un animal qu'on met en cage
La liberté me semble trop souvent un rêve d'enfant
Je n'ai pas réparé cette erreur et ne sais si j'y arrive
Comme un vieux refrain
Avant même de l'avoir vécue dans ce qu'elle est et a de plus
commune
Je vois la cage se profiler au loin

Les protagonistes de leur liberté voient une horloge pour
leur temps de liberté.
Oubliant que l'horloge ne sert qu'à synchroniser ces grands
qui savent lire l'heure.

La vie, elle, est si belle, mais parfois elle s'en fout et continue
sa route sans Voltaire.

Car si Liberté entend se taire. L'enfant sait qu'il a oublié ses premiers pleurs, tel un cri d'illogisme à la vue de la fin d'un Voltaire qu'il aimait.

Liberté s'en voit alors négligée, pour devenir liberté : une cage qui s'ouvre pour un temps relatif.

Liberté tu m'as fait voir la prison et j'ai eu au départ peur d'elle.

De toi, non ! Mais seul que puis-je faire, j'aimerais qu'on ne me parle que de temps que pour dire l'éternité qu'on a grâce à toi.

Ma Liberté je ne te mettrai pas en cage et tu ressembles de plus en plus à Espoir

42. Le premier jour

Le premier jour, ils étaient sept milliards, et en ce jour précis venait de sortir un livre sans auteur apparent.

Il était écrit sur la couverture :

" Ce livre n'est le fruit que de votre propre imagination ."

Le bouche-a-oreille se fit si vite qu'en un an les sept milliards passèrent à huit milliards puis à dix milliards.

Nos parents étaient revenus, le bouquin eut non pas un impact religieux mais donna l'inspiration aux sept milliards. L'univers n'était alors plus un mystère mais la porte ouverte à la réalisation de leur imagination.
On vit les planètes du système solaire se mettre à des distances reproduisant le schéma du nombre d'or. Celles-ci devinrent des planètes vierges accueillantes.

L'évidence était que nous n'étions pas seuls à être sur Terre et qu'il fallait bien régler la surpopulation. Des questions de distances n'avaient plus lieu d'être, les êtres humains par milliards partaient sur les planètes voisines : Mars, Venus, Pluton, Saturne.

Enfin, l'espèce humaine avait compris que la loi de Newton n'avait pas pour dessein une application physique mais mentale.

La première page était ainsi :

"Comment ai-je trouvé la solution ?

Je l'ai cherchée en essayant de trouver un point de jonction entre nous tous, sachant que commencer comme cela ne créerait qu'une divergence de plus ; je mis fin à cette recherche.
Je me suis posé une question fondamentale qui me fit reprendre le travail.
Si l'avenir ressemble à ce que j'ai dans la tête, comment le réaliser ? Devais-je me demander pourquoi je l'avais vu ainsi ou trouver la raison du pourquoi ?"

C'est ainsi que l'auteur émit de nouvelles idées.
Les pages qui suivaient traitaient surtout de philosophie, de réflexions sur la physique élémentaire.

La dernière page, très obscure, du livre était celle-ci :

"Je partais comme je l'avais prévu. Laissant le monde derrière.
Tant d'années étaient passées qu'on avait arrêté de les compter.
Je sentais en moi une peur palpable, celle d'un futur sans lendemain.

Tous y étaient arrivés, et je ne sais comment. Dix milliards à rester en harmonie avec la nature allant jusqu'à s'en inspirer.

*Je l'avoue, les premiers temps furent durs, le chaos dans leur
esprit, le livre interdit à la publication ainsi qu'à la lecture, mais
l'accident était déjà fait.
L'univers réagit très mal à ma mise en prison. Et regardant en
arrière, je me suis demandé si là était le mal.
Dès le premier jour je ne m'associai pas. D'immenses nuages
arrivèrent si rapidement que je mis les points sur les I*

.

*Si peu d'années en cage, ma cage.
Si peu d'années pendant lesquelles le livre fut banni.
Le premier à se rendre compte du manque qu'il y avait dans le
bouquin était moi-même."*

Donc je suis sorti.

43. Idea

*Dans l'espace parmi les étoiles on entend une voix
d'homme disant:*

Où je suis ? Qui suis-je et qu'est ce que je suis?

Une étoile filante passe et une voix de femme se fait entendre :

Que dis tu ? Pourrais-tu m'éclairer…

*

*Une étincelle fait une flamme éclairant une main qui s'avance vers
une bougie.
A la lumière de la bougie on voit une femme sortir d'une maison.
Elle s'allonge sur le deuxième transat à coté de la petite table sur
laquelle est posée la bougie. La jeune femme avance délicatement
son bol de thé vers ses lèvres.*

*

La femme : Ça va ?

L'homme : Oui, j'était dans mes pensées.

La femme : Toujours entrain de rêvasser…

L'homme : En même temps, le ciel s'y prête…

La femme : Oui c'est des étoiles comme tout les soirs sans

nuages.

L'homme : T'as pas tout vu, regarde au dessus.

L'homme souffle sur la bougie.

La femme : C'est magique, c'est comme si on était dans l'espace !

L'homme rallume la bougie

L'homme : Tu as fini ton thé ?

La femme : Oui. C'était super mais je commence à ne pas avoir très chaud.

L'homme regarde la femme avec amour et pense :

Je suis avec toi et selon toi. Quelqu'un errant au grès de ton cœur.

Le couple se retire, l'homme regarde une dernière fois les étoiles :

Tomber amoureux. Se relever demain avec vous, points de lumières dans l'obscurité.

*

Les volets se ferment.
Les étoiles filent à toute allure, le soleil se lève.
Un enfant ouvre les volets de la porte-fenêtre.

L'amour commence par une fusion, s'accepter l'un l'autre.
Son idéal est qu'il survive au temps.

44. Mots d'auteurs

On n'a jamais fait dans l'hypocrisie, reste en nous l'âge de la connaissance absolue de notre naissance : le seuil du savoir dès le premier regard.

Le « je » que j'écris est le vôtre quand vous le lisez, question d'évidence.

Ainsi nous rendons nos textes universels par nos plus simples témoignages.

Il est sain de lire car il est encore plus simple de dire que oui ces textes vous appartiennent de par ce « je ».

Je suis, vous êtes, nous sommes.

IDEA

www.ingramcontent.com/pod-product-compliance
Lightning Source LLC
Chambersburg PA
CBHW072043040426
42447CB00012BB/2993